BAND 24
SOWAS!

Hanna Grubhofer
Sigrun Eder
Hedda Christians

WAS BRAUCHST DU IM ADVENT?

Der Familien-Adventskalender in Giraffensprache für Gewaltfreie Kommunikation mit Kindern und Eltern

edition riedenburg

Für alle Kinder, Eltern und speziell für euch!

Dieses Buch gehört

_____

Hallo ihr!

Ich bin Giovanni Giraffe. Wir Giraffen sind die Tiere mit dem allergrößten Herzen. Daher spüren wir besonders gut, wie es anderen geht und was sie brauchen oder brauchen könnten.

In diesem Adventskalender trefft ihr auf 24 tierische Familien und erfahrt, was für sie in der Vorweihnachtszeit etwas schwierig ist.

Hängt auch bei euch der Haussegen zwischendurch mal schief wie bei Robert Robbe oder fühlt ihr euch so ausgepowert wie Hannelore Hamster? Dank meiner Tipps und der Gewaltfreien Kommunikation bekommen auch Alea Affe, Muriel Murmeltier, Elio Eisbär und all die anderen Tiere Ideen, mit dem Stress im Advent richtig umzugehen.

In diesem ganz besonderen Adventskalender in Giraffensprache habt ihr genug Platz, um eure eigenen kreativen Ideen aufzuschreiben oder aufzumalen. So werdet ihr euch gegenseitig besser verstehen und mit euren Lieben die gemeinsame Adventszeit in jeder Hinsicht genießen.

Euer Giovanni Giraffe

Inhalt

 # 1. Dezember

„Wir haben was zu feiern! Mein Naturschutzprojekt hat es in die nächste Runde geschafft", ruft Bibiane Biber freudig, als sie nach Hause kommt. Beim Blick in die Wohnung ist es unübersehbar: das Chaos im Wohnzimmer, der Wäscheberg und das sich stapelnde Geschirr in der Küche.

Die viele Arbeit lässt im Nu die Feierlaune schwinden. „Am liebsten möchte ich den Erfolg beim gemeinsamen Abendessen am weihnachtlich gedeckten Tisch genießen, statt vorher noch alles aufzuräumen", klagt Bibiane Biber und atmet tief durch.

Giovanni Giraffe kommt dazu und sagt: „Ein bisschen mehr Leichtigkeit könnte dir guttun!"

Was könnte Familie Biber machen,
um Leichtigkeit zu spüren?

Es ist Zeit, Leichtigkeit zu erleben.

„Richtig! Feste muss man feiern, wie sie fallen", findet Bibiane Biber und überlegt fieberhaft, was sie bloß mit der Unordnung machen soll.

„Jetzt weiß ich, wie", jubelt Bibiane Biber nach ein paar abgewaschenen Tellern.

Sie dimmt das Licht in der Küche und zündet im Esszimmer ganz viele Kerzen an. „So lenke ich den Blick auf das Wesentliche und das im Moment Unwesentliche blende ich aus."

 # 2. Dezember

„Oh weh! Heute sind wohl fast alle mit dem linken Fuß aufgestanden", erkennt Eusebius Eule an den mürrischen Gesichtern und den Sticheleien.

Sobald er jedoch beherzt versucht, mit Weihnachtsmusik und Tannenduft ein wenig gute Laune zu verbreiten, richtet sich der ganze Groll schnell gegen ihn.

Giovanni Giraffe kommt dazu und sagt: „Ein bisschen mehr Wertschätzung könnte euch guttun!"

Was könnte Familie Eule machen, um sich gegenseitig wertzuschätzen?

Es ist Zeit, Wertschätzung anzunehmen.

Wenn nicht heute, wann dann?

Eusebius Eule kündigt an, dass spätestens beim Abendessen reihum jedes Familienmitglied eine Drei-Minuten-Dosis Wertschätzung bekommt.

„Am schönsten ist es, wenn man dabei die Augen schließt und das Gesagte ohne Widerworte annimmt", erklärt Eusebius Eule freudig und betrachtet stolz den selbstgebundenen Adventskranz.

3. Dezember

Für Hannelore Hamster und ihre Familie ist der Advent die Zeit des Vorbereitens und der Vorfreude.

„Wie sollen wir uns die Vorfreude bewahren, wenn es doch jetzt schon so köstlich duftet und wir noch sooo lange auf das Feiern warten müssen?", fragen die Kinder dauernd.

Giovanni Giraffe kommt dazu und sagt: „Ein bisschen mehr Genuss im Hier und Jetzt könnte euch guttun!"

Was kann Familie Hamster machen, um
mehr Genuss im Alltag zu erleben?

Es ist Zeit, genussvolle Momente zu genießen.

Genuss besteht darin, das zu machen, wonach einem jetzt gerade ist.

Hannelore Hamster hat bereits verschiedene Körnerzapfen mit Honig verklebt und sie gut verwahrt. Gekostet hat sie jedoch noch nie davon.

Heute macht es die Hamsterfamilie anders: Bevor sie die knusprigen Körner an den Zapfen kleben, naschen sie ein bisschen davon. „Und das Leben sieht gleich süßer aus!", stellt Hannelore Hamster knabbernd fest.

 # 4. Dezember

„Oh weh!", ächzt Felix Fuchs. Die Überraschung im Adventskalender gefällt seinem Sohn überhaupt nicht und seine Tochter sucht verzweifelt ihr Schulheft mit den wichtigen Übungen. Die Ohren von Felix Fuchs dröhnen von den vielen Klagen, die er heute gehört hat.

Jeder meckert, jeder ist unzufrieden und die Stimmung verschlechtert sich rapide, als die Lichterkette bei der Polsterschlacht beschädigt wird. Plötzlich sehen alle den anderen nicht mehr als Freund, sondern als Störenfried.

Giovanni Giraffe kommt dazu und sagt: „Ein bisschen mehr Akzeptanz des anderen könnte euch guttun!"

Was kann Familie Fuchs machen, um andere so zu akzeptieren, wie sie sind?

21

Es ist Zeit für mehr Akzeptanz.

„Am besten fange ich bei mir selbst an!", findet Felix Fuchs. Dabei lässt er sich von seiner Familie helfen und macht daraus ein Ereignis für alle.

„Jeder schreibt heute jedem ein kleines Briefchen. Darin steht, was man am anderen mag."

Zu seiner Frau gewandt, meint Felix Fuchs: „Ich mag an dir dein Lachen. Es erfreut mein Herz und bringt lockere Stimmung in den Fuchsbau!"

 # 5. Dezember

Seit Tagen regnet es in Strömen und Familie Dachs findet das ziemlich öde.

„Wenn es wenigstens schneien würde, könnten wir eine Schneefrau bauen", denkt sich Dalia Dachs.

Ideenlos versucht sie, ihre Kinder mit Fernsehen bei Laune zu halten. Doch statt dadurch entspannter zu sein, wird die Stimmung bei allen nur noch aufgeheizter.

Giovanni Giraffe kommt dazu und sagt: „Ein bisschen mehr Entspannung könnte euch guttun!"

Was kann Familie Dachs machen,
um zur Ruhe zu kommen?

25

Es ist Zeit, sich draußen zu entspannen.

Dalia Dachs überlegt: „Der winterliche Wald wirkt auf uns vielleicht so trostlos wie wir selbst. Wenn wir uns wieder mit der Natur verbinden, schöpfen wir innere Ruhe."

Sie geht mit ihren Kindern vor die Tür und ruft: „Wer kann Fährtenlesen? Wer möchte Regentropfen auf der Zunge fangen? Wer entdeckt Fantasiegebilde in den Ästen und Bäumen?"

Dalia Dachs und ihre Kinder sind gleich wie ausgewechselt.

6. Dezember

„Zum Donnerwetter, heute geht schief, was schief gehen kann!", ruft Robert Robbe, nachdem seine Lieblingstasse mit den hübschen Weihnachtskugeln in tausend Scherben zerbrochen ist. Kaum hat er die kaputten Stücke zusammengefegt, sucht er hektisch seinen Büroschlüssel.

Einstweilen bemüht sich seine Frau, die quengelnden Kinder zu beruhigen. Und dann gibt ein Wort das andere.

Robert Robbe denkt sich: „Hoffentlich geht dieser Tag bald zu Ende!"

Giovanni Giraffe kommt dazu und sagt: „Ein bisschen mehr Frieden könnte euch guttun!"

Was kann Familie Robbe machen,
um echten Frieden zu erleben?

Es ist Zeit, Frieden zu spüren.

„Lieber möchte ich den Tag positiv abschließen, als unzufrieden in den nächsten zu starten", bemerkt Robert Robbe, sobald der Stress nachlässt.

Beim Maroni-Essen am Abend fragt er seine Familie: „Was hat heute euer Herz erfreut?"

Plötzlich huscht ein Grinsen über die müden Gesichter und die magischen Momente werden geteilt.

 # 7. Dezember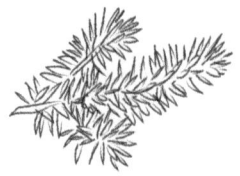

„Was schenke ich bloß Dalia Dachs zu Weihnachten, die ich so selten sehe?", fragt sich Rea Reh. Sie denkt morgens, mittags und abends daran und es fällt ihr trotzdem nichts ein. Das fühlt sich ziemlich unangenehm an.

„Ich wünschte, ich hätte schon das passende Geschenk für meine Freundin gefunden, dann würde ich mich besser fühlen", überlegt sie.

Giovanni Giraffe kommt dazu und sagt: „Ein bisschen mehr Mut zur Einfachheit könnte dir guttun!"

Was kann Rea Reh machen, um zu mehr Einfachheit zu gelangen?

Es ist Zeit Für mehr Einfachheit.

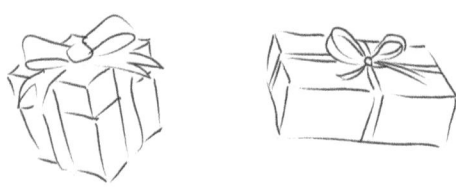

Plötzlich fällt es Rea Reh wie Schuppen von den Augen: „Ich suche bloß ein Verlegenheitsgeschenk! Denn mir fehlt der Mut, nur mehr mein Lächeln zu schenken."

Rea Reh ist total erleichtert. Sie beschließt, mit Dalia Dachs zu reden und zu vereinbaren, dass sich jeder selbst ein Geschenk macht und sie Zeit miteinander verbringen, um sich davon zu erzählen.

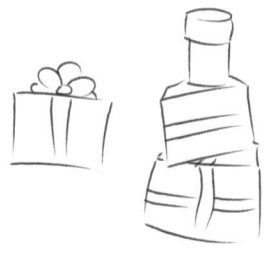

 # 8. Dezember

Luna Luchs ist eine sehr verantwortungsbewusste Mama. Sie wünscht sich, dass ihre Kinder aufhören, Blödsinn zu machen.

Daher sagt Luna Luchs ganz oft: „Spiel nicht mit dem Adventskranz" oder „Nimm nicht deinem Bruder die Überraschung aus dem Adventskalender".

Aber ihre Kinder hören nicht auf sie. Das nervt und macht auch traurig.

Giovanni Giraffe kommt dazu und sagt: „Ein bisschen mehr gute Kommunikation könnte euch guttun!"

Was kann Luna Luchs tun,
um von ihren Kindern besser
verstanden zu werden?

Es ist Zeit für klare Worte.

„Meine Strategie funktioniert überhaupt nicht!", stellt Luna Luchs unzufrieden fest. Das ist wie „Denk nicht an einen rosa Elefanten!", den Luna Luchs nun vor sich sieht. „Ich sage ab heute lieber genau, was ich möchte", beschließt sie.

Und siehe da: Bei der nächsten Gelegenheit bittet sie ihre Kinder: „Haltet euch gut fest!" und „Schaut nach links und rechts, bevor ihr euren Freunden auf den Weihnachtsmarkt hinterherlauft!"

Es funktioniert tatsächlich und alle verstehen sich aufs Wort.

9. Dezember

„Er war leider schon ausverkauft", flüstert Elio Eisbär bestürzt. Alle haben sich auf ihn verlassen, dass er den köstlichen Fischstollen mitbringt, und sind genervt, dass sie nun Algenkraut essen müssen.

Elio Eisbär schämt sich und es tut ihm schrecklich leid. Stammelnd versucht er, die Umstände zu erklären, doch alles endet in gegenseitigen Vorwürfen.

Giovanni Giraffe kommt dazu und sagt: „Ein bisschen mehr die Verantwortung zu übernehmen könnte dir guttun!"

Was kann Elio Eisbär machen, um
Verantwortung zu übernehmen?

Es ist Zeit, Verantwortung zu übernehmen.

Elio Eisbär nimmt Giovanni Giraffes Rat an und sagt: „Ja, ich war für den Fischstollen zu spät dran. Es tut mir sehr leid, dass ich euch verärgert und traurig gemacht habe."

Er merkt, wie hilfreich es ist, Verantwortung zu übernehmen.

Er sieht auch, wie sich die anderen entspannen, weil er ihre grantigen Gefühle anspricht.

10. Dezember

Die dunkle Jahreszeit weckt in Elena Elch den Wunsch, sich in die weiche Blätterdecke einzukuscheln und vor sich hin zu träumen. Doch die Elchkinder strotzen vor Tatendrang und verlangen ihre volle Aufmerksamkeit.

„Mit ein bisschen mehr Ideen wäre das um einiges leichter", seufzt Elena Elch.

Giovanni Giraffe kommt zu Elena Elch und sagt: „Ein bisschen frischer Wind in den eigenen vier Wänden könnte euch guttun!"

Was kann Elena Elch machen, um mit ihrer Familie kreativ zu sein?

Es ist Zeit, kreativ zu sein.

Elena Elch gibt sich einen Ruck, trommelt ihre Kinder zusammen und sagt: „Wir denken uns gemeinsam eine winterliche Geschichte aus. Jemand beginnt und immer der Nächste setzt die Geschichte fort.

Zum Schluss schreiben wir sie auf und malen Bilder dazu. Vielleicht wollt ihr sie vervielfachen und anstelle der üblichen Weihnachtspost verschicken!"

11. Dezember

„Am liebsten würde ich jetzt Feierabend machen und die Beine hochlegen", denkt sich Alea Affe. „Fleißig war ich heute schon genug. Immerhin habe ich nach der Arbeit beim Weihnachtsmarkt in der Schule drei Schichten lang ausgeholfen. Ich könnte wirklich etwas Stärkendes gebrauchen!"

Den Affenkindern geht es nicht anders, denn für alle war es ein anstrengender Tag. Doch morgen hat Alea Affe einen wichtigen Termin. Allein der Gedanke daran löst bei ihr ein mulmiges Gefühl aus und sie sehnt sich nach jemandem, der ihr Sicherheit gibt.

Giovanni Giraffe kommt dazu und sagt: „Ein bisschen mehr Nähe könnte euch guttun!"

Was können Alea Affe und die Affenkinder machen, um sich zu entspannen?

Es ist Zeit, Nähe zu fühlen.

Alea Affe fragt in die Runde: „Wer möchte eine kleine Auszeit?" Und schon rufen und hüpfen die Affenkinder durcheinander.

„Ich habe eine Idee!", bremst Alea Affe das Chaos. „Wir setzen uns im Kreis hin und massieren uns gegenseitig den Rücken mit Massagebällen!"

Plötzlich wird es still. Alle genießen die angenehme Berührung von geliebten Familienmitgliedern.

Nach einer Weile hat Alea Affe eine Idee: „Jetzt schicken wir Bilder im Kreis herum. Jemand überlegt sich ein Bild, malt es mit den Fingern auf den Rücken und am Schluss versuchen wir, es zu erraten."

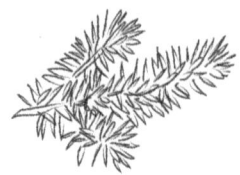

12. Dezember

Zina Ziesel versucht ständig, es ihren Kindern recht zu machen, und nimmt täglich neue Weihnachtswünsche entgegen. Dazwischen kümmert sie sich um ihre Kundinnen im Ziesel-Feinkostladen, damit der Kühlschrank gerade jetzt immer voll ist.

Ausgerechnet als Papa auf Geschäftsreise ist, kommt ihr Jüngster nachts ins Schlafzimmer und meckert mit heiserer Stimme: „Mama, ich habe schreckliche Halsschmerzen."

„Scheibenkleister, was mache ich nun?", grübelt Zina Ziesel.

Giovanni Giraffe kommt dazu und sagt: „Ein bisschen Unterstützung könnte euch guttun!"

Was kann Zina Ziesel machen, um Unterstützung zu bekommen?

Es ist Zeit, um Unterstützung zu fragen.

Zina Ziesel gibt ihrem Sohn Meersalz zum Gurgeln. Gleichzeitig überlegt sie angestrengt, wer ihr aus der Patsche helfen kann.

„Das ist es! Ich werde Eusebius Eule um Hilfe bitten. Wenn er vormittags auf den Kleinen aufpasst, kann ich in Ruhe arbeiten und bin nachmittags entspannter", denkt sich Zina Ziesel.

Sofort schreibt sie Eusebius Eule eine Nachricht.

13. Dezember

Amber Ameise packt in der Arbeit an, wo es nur geht, und steht den anderen mit Rat und Tat zur Seite. Zeit für sich nimmt sie sich nur sehr wenig.

In einer kleinen Verschnaufpause beobachtet sie die fallenden Schneeflocken und fragt sich: „Wird es immer so weitergehen mit dem Herumwuseln? Am Ende verpasse ich das Weihnachtsfest noch vor lauter Arbeit."

Giovanni Giraffe kommt dazu und sagt: „Ein bisschen mehr Zeit zum Innehalten könnte dir guttun!"

Was kann Amber Ameise machen, um besser zu sich selbst zu finden?

Es ist Zeit zum Innehalten.

„Was wäre, wenn heute mein letzter Tag auf dieser Welt wäre?", fragt sich Amber Ameise am Abend.

Sie lenkt ihre Gedanken bewusst auf all jene Dinge, die sie noch allein oder mit anderen im Ameisenbau erleben möchte.

So fühlt sie sich wieder mehr mit ihren Bedürfnissen verbunden und spürt, was sie wirklich machen möchte.

14. Dezember

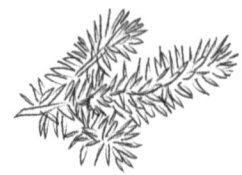

Katharina Kaninchen und ihre Kinder haben jede Menge Vorsätze für den Advent gefasst: Zum Beispiel wollen sie die feierliche Zeit besinnlicher als zuletzt angehen und nicht so hektisch wie im letzten Jahr.

„Es ist bereits Mitte Dezember und ich warte noch immer auf den Weihnachtszauber", klagt Katharina Kaninchen, als sie mit der Nachbarin schwatzt.

Giovanni Giraffe kommt dazu und sagt: „Ein bisschen mehr Weihnachtsstimmung könnte euch guttun!"

Was können Katharina Kaninchen und ihre Kinder machen, um zu weihnachtlicher Festlichkeit zu kommen?

Es ist Zeit für Weihnachtsstimmung.

„Jetzt weiß ich, wie wir es anstellen!", ruft Katharina Kaninchen freudig und eilt mit ihren Kindern in den Wald, um Tannenzweige zu holen.

Später spicken sie ganz viele Orangen mit Nelken und bereiten sich außerdem einen duftenden Punsch zu.

So weihnachtlich war den Kaninchen schon lange nicht mehr zumute.

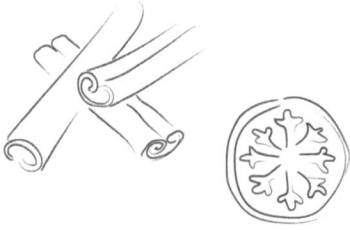

 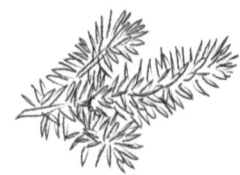

15. Dezember

„Du bringst mich auf die Palme!", brüllt René Rentier Rosi Rentier an. Wutentbrannt stampft er davon und merkt seine maßlose Empörung.

Er ist wütend: Wie jedes Jahr wird darüber gestritten, wann mit wem und wo überhaupt Weihnachten gefeiert wird.

Giovanni Giraffe kommt dazu und sagt: „Ein bisschen Zeit, um die Liebe zum anderen zu spüren, könnte euch guttun!"

Was können René Rentier und
Rosi Rentier machen, um die
verbindende Liebe zu spüren?

Es ist Zeit für magische Zeit mit anderen.

René Rentier atmet tief durch.

„Ich weiß, dass wir unterschiedliche Vorstellungen vom Weihnachtsfest haben", sagt er zu sich. Darüber könnte er endlos mit Rosi diskutieren.

Stattdessen nimmt er seine Frau an der Hand, stellt sich ihr gegenüber hin und schaut sie einfach an. Um sie zu sehen, in ihrer Schönheit und ihrem Bestreben, für alle das Beste machen zu wollen.

So wie er selbst auch.

16. Dezember

„Im Advent muss ich besonders viel an die Zeit denken, als ich selbst noch klein war", sagt Muriel Murmeltier zu ihrer Freundin. „Damals war alles ganz anders als heute", flüstert sie mit Bedauern in der Stimme.

„Was war denn so anders?", will Mimi Murmeltier wissen. „Wir haben jede Menge Weihnachtslieder miteinander gesungen", erinnert sich Muriel Murmeltier und summt eine Melodie.

Giovanni Giraffe kommt dazu und sagt: „Ein bisschen mehr Zeit für Erinnerungen könnte euch guttun!"

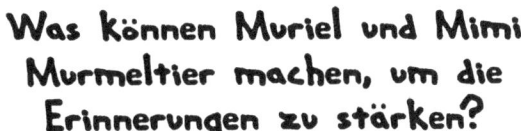

Was können Muriel und Mimi
Murmeltier machen, um die
Erinnerungen zu stärken?

Es ist Zeit, Erinnerungen zu teilen.

Muriel Murmeltier schnappt sich die Fotoalben, die Mama Murmeltier für sie gemacht hat. Dann setzt sie sich mit Mimi Murmeltier zusammen und gemeinsam blättern sie in den vielen bunten Seiten.

Muriel erzählt von ihren Erinnerungen.

Dabei fällt ihr auf, wie viele schöne Gewohnheiten sie von ihrer Familie übernommen hat und heute noch lebendig hält.

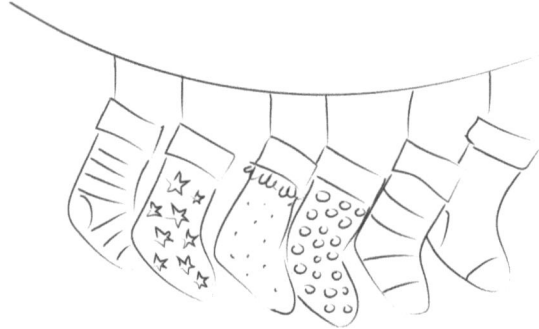

 # 17. Dezember

Tibor Tiger ist mürrisch, weil ihn alles anödet: „Morgens ist es beim Aufstehen dunkel, und wenn ich heimkomme, auch. Das ist so eintönig. Das Leben ist echt fad gerade. Bis ich mit meinen Freunden jeden Tag Bob fahren kann, dauert es noch.", beschwert er sich bei seinen Eltern.

Giovanni Giraffe kommt dazu und sagt: „Ein bisschen Inspiration könnte dir guttun!"

Was kann Tibor Tiger machen, um für Abwechslung zu sorgen?

Es ist Zeit für Inspiration.

„Ich muss mir etwas Neues einfallen lassen", denkt sich Tibor Tiger. Bereits am nächsten Tag nimmt er einen anderen Weg in der Früh und findet dabei ganz neue Plätze.

Die Abwechslung tut Tibor Tiger gut, denn so kann er Neues entdecken und ausprobieren.

Er hätte gar nicht gedacht, was sich um ihn herum so alles tut!

18. Dezember

„Ach, könnten wir in der Vorweihnachtszeit doch mit allen in Kontakt sein, die uns am Herzen liegen!", wünscht sich Waltraud Waschbär sehnlichst. Auch wenn sie immer wieder an alle denkt, beschleicht sie ein schlechtes Gewissen.

Schließlich schafft sie es nicht, mit ihnen auf den Weihnachtsmarkt zu gehen und in Verbindung zu bleiben. Im Alltag ist einfach zu viel los.

Giovanni Giraffe kommt dazu und sagt: „Ein bisschen mehr Verbundenheit könnte euch guttun!"

Was kann Waltraud Waschbär gemeinsam mit ihrer Familie machen, um freundschaftliche Verbundenheit zu zeigen?

Es ist Zeit, Verbundenheit zu zeigen.

Waltraud Waschbär beschließt: „Wir schicken den anderen Fotos von unseren gemeinsamen Lieblingserinnerungen und schreiben ein paar Zeilen dazu!"

Erleichtert fangen sie an und stellen schnell fest, wie sehr die anderen Teil ihres Lebens sind, auch wenn gerade kein direkter Kontakt besteht. Das Rezept von der Nachbarin, der lustige Spruch vom Freund im Kindergarten, an den noch immer alle denken, und viele weitere Sachen.

Das tut so gut!

19. Dezember

Der Tag von Steffen Steinbock zieht sich wie Kaugummi.

„Ist euch genauso langweilig wie mir?", fragt er seine Kinder und sehnt sich danach, dass endlich etwas Spannendes passiert. Denn er braucht als wilder Kletterer deutlich mehr als nur die Pflichten und schmucke Weihnachtsdekoration um sich herum.

Giovanni Giraffe kommt dazu und sagt: „Ein bisschen mehr Abenteuer könnte dir guttun!"

Was kann Familie Steinbock
machen, um Abenteuer zu erleben?

Es ist Zeit für ein kleines Abenteuer.

„Es braucht nichts Großartiges zu sein. Ich wünsche mir nur andere Eindrücke", stellt Steffen Steinbock fest.

Draußen schneit es und er erkennt die tolle Chance.

„Kommt alle her!", ruft er seinen Kindern zu und alle rennen nach draußen.

Sie stürmen am Steilhang durch die herabfallenden Flocken, fangen sie mit der Zunge auf und kosten das Abenteuer aus.

20. Dezember

Enea Ente versucht, das unangenehme Gefühl abzuschütteln, das sich in ihr breitgemacht hat.

„Wieso habe ich bloß das Wichtelgeschenk für meine Kollegin ausgeplaudert? Am liebsten würde ich morgen zu Hause bleiben, anstatt darüber zu reden."

Giovanni Giraffe kommt zu Enea Ente und sagt: „Ein bisschen mehr Zuversicht könnte dir guttun!"

Was kann Enea Ente machen, um mehr Sicherheit zu empfinden?

Es ist Zeit für mehr Zuversicht.

„Singen gibt mir Sicherheit", fällt Enea Ente ein, „das hat schon meine Mama in nervenkitzelnden Situationen mit mir gemacht." Von ihrem Geistesblitz angespornt, legt sie gleich mit ihren liebsten Weihnachtsliedern los.

Ihr Mann singt beim Refrain mit.

Wie durch ein Wunder fühlt sie sich zuversichtlich und ihre Ängste und Zweifel lösen sich auf.

„Ich werde mir morgen auf dem Weg zum Gespräch Sicherheit ansingen!", beschließt sie.

 # 21. Dezember

Als es gegen vier Uhr dunkel wird, zündet Mabel Marder eine große Kerze an und ruft ihre Kinder zu sich: „Heute ist Wintersonnwende, die längste Nacht des Jahres!"

„Oh, wie unheimlich!", meint ihr Sohn.

„Ja, es ist ein guter Zeitpunkt, unsere Licht- und Schattenseiten zu sehen", antwortet Mabel Marder.

Giovanni Giraffe kommt dazu und sagt: „Ein bisschen Selbstakzeptanz könnte euch guttun!"

Was könnte Mabel Marder machen, um die Stärken zu betonen?

Es ist Zeit für mehr Selbstakzeptanz.

Mabel Marder und ihre Kinder machen nun Schattenspiele im Kerzenlicht.

Gemeinsam überlegen sie, welche Eigenarten sie lieber für sich behalten. Anschließend, wofür sie gut sind.

„Seht, auch die Schattenseiten sind wertvoll", sagt Mabel Marder zufrieden.

22. Dezember

„Wie schön! Die Kinder sind im Bett und jetzt bin ich dran!",
freut sich Pierrine Pinguin. Sie hat sich für den Advent
vorgenommen, jeden Tag zehn Minuten Freizeit zu genießen.

Doch kaum steht sie unter dem Wasserfall, wird sie auch
schon gestört: Ihre Sprösslinge haben noch einen Wunsch an
sie. „Ich mag heute nicht mehr", spürt Pierrine Pinguin und
möchte gleichzeitig eine gute Mama sein.

Giovanni Giraffe kommt dazu und sagt: „Ein bisschen mehr
Zeit für dich selbst könnte dir guttun!"

Was kann Pierrine Pinguin machen, um zu ihren Bedürfnissen zu stehen?

Es ist Zeit, Zeit für sich selbst zu haben.

Pierrine Pinguin ist hin- und hergerissen. „Kann ich den Wunsch meiner Kleinen von Herzen erfüllen?", fragt sie sich, während der Wasserfall plätschert. „Oder kann ich nur einen Teil bejahen, weil ich sonst wieder auf mich selbst vergesse?"

Pierrine Pinguin duscht zuerst in Ruhe fertig, um anschließend für ihre Kleinen da zu sein.

Sie weiß, dass sie gerade deshalb eine gute Mama ist, weil sie für sich selbst sorgt.

23. Dezember

Spartaco Spatz liebt es überschaubar und hält sich mit seinen Vogelkindern strikt an die folgende Regel: „Erst die Pflicht, dann das Vergnügen."

Viel schöner wäre es jetzt natürlich, rauszugehen, statt das Nest aufzuräumen und Schularbeiten zu kontrollieren.

Doch heute steht er sich mit seiner strengen Regel selbst im Weg und fühlt sich vogelelend. Schließlich ist der Eislaufplatz nicht mehr lange geöffnet.

Giovanni Giraffe kommt dazu und sagt: „Ein bisschen mehr Freiheit könnte euch guttun!"

Was kann Familie
Spatz machen, um sich
frei zu fühlen?

Es ist Zeit für Freiheit.

„Die Regel einhalten oder eine Ausnahme machen: Was fühlt sich stimmiger an?", fragt sich Spartaco Spatz auf einmal.

Flugs entscheidet er sich für die Ausnahme: Er und seine Kinder machen das, wonach ihnen so wirklich ist. Sie gehen Eislaufen und drehen ihre Runden zu wunderschöner Weihnachtsmusik.

Anschließend stärken sie sich mit herzhaftem Weihnachtsgebäck.

24. Dezember

„Endlich ist Weihnachten!", freut sich Huda Hund und ist als Erste auf den Beinen.

Beim prüfenden Blick in den Spiegel fällt ihr plötzlich ein: „Du grüne Neune! Ich habe vergessen, meine To-do-Liste abzuschließen und all meine Pläne umzusetzen! Bin ich überhaupt zufrieden mit mir und diesem Jahr?"

Giovanni Giraffe kommt dazu sagt: „Ein bisschen mehr Selbstwert könnte dir guttun!"

Was könnte Huda Hund machen, um sich gut zu fühlen in ihrer Haut?

Es ist Zeit, den Selbstwert zu steigern.

Huda Hund wird klar, worauf sie in diesem Jahr ihre Energie gerichtet hat. Auf Aufgaben.

Und nächstes Jahr? Das fragt sie sich und ihre Familie. „Nächstes Jahr möchte ich mehr Wertschätzung und Freude erleben", fasst Huda Hund ihre Sehnsüchte zusammen. „Ich werde ganz viel davon säen, dann kommt beides auch zu uns zurück!"

Zuversichtlich setzt sie sich in ihren Schaukelstuhl und strickt an ihrem grünroten Weihnachtsschal weiter.

Giovanni Giraffes
Weihnachtsgeschenk an dich:

Hier kannnst du alle vier Kerzen
am Adventskranz anzünden und
die Tiere vom Cover in deinen
Lieblingsfarben ausmalen.

Autorinnen & Illustratorin

Mag. Hanna Grubhofer hat mit ihren sieben Kindern schon 2232 Säckchen für den Adventskalender gefüllt und zentnerweise Kekse gebacken. Über die Jahre hinweg hat sie verschiedene Wege zu einem stimmungsvollen Advent gefunden, die leicht, entspannt und auch mal frech sein dürfen. Als Familiencoach bringt sie mehr Leichtigkeit und Freude ins Familienleben. hannagrubhofer.at

Mag. Sigrun Eder hat sich jährlich aufs Neue Superkräfte für den Advent und jede Menge Weihnachtsgefühle ersehnt. Irgendwann stellte sie auf Umwegen fest, dass sich alles am besten mit Mut zur Einfachheit fügt. Als Psychologin und Psychotherapeutin hilft sie, den Blick auf jene Dinge zu lenken, die das Herz erfreuen. sigruneder.com

Diplom-Designerin Hedda Christians packt auch heute noch für ihren 16-jährigen Sohn die Päckchen in den Adventskalender. Inzwischen schnürt aber jeder in der Familie ein paar Päckchen. So wird der Advent entspannter und alle dürfen sich etwas für den anderen aussuchen. Als Grafikerin und Illustratorin hat sie besonders Spaß an kreativ verpackten Geschenken. hausgemacht.net

WAS BRAUCHST DU?

Mit der Giraffensprache und Gewaltfreier Kommunikation Konflikte kindgerecht lösen

Ein Buch von
Hanna Grubhofer, Sigrun Eder
und Barbara Weingartshofer (Illustrationen)

Emil Erdmännchen möchte mit seiner Familie und seiner Freundin Carla Chamäleon einen Ausflug zum himmlisch duftenden Beerenstrauch machen. Doch Carla Chamäleon hat keine Lust, und Emil Erdmännchen versteht nicht, wieso. Bevor es zum Streit kommt, taucht Gino Giraffe auf. Was für ein Glück! Gino Giraffe erklärt Emil Erdmännchen und Carla Chamäleon ihre Bedürfnisse. Auch Mia Maus, Balduin Bär, Pedro Pfau, Martha Maulwurf und einige andere Tierkinder kommen sich mit dem, was sie brauchen, in die Quere. Gino Giraffe ist immer zur Stelle und zeigt ihnen, was genau für sie im Moment wichtig ist.

Das fröhlich illustrierte Bilder-Erzählbuch „Was brauchst du?" im handlichen A5-Format unterstützt Kinder dabei, Gefühle und Bedürfnisse zu erkennen, um für jeden eine passende Lösung zu finden. Die Gewaltfreie Kommunikation (GFK) hilft dabei, Konflikte zu lösen.

Zahlreiche, auf gut beschreibbarem Papier gedruckte Mit-Mach-Seiten zum Malen, Aufschreiben und Reden im Anschluss an die Geschichte befähigen junge LeserInnen dazu, sich selbst und andere besser zu verstehen. Als Bonus-Material gibt es die Tiere und ihre Bedürfnisse zum Ausmalen und Ausschneiden. Auf Karton geklebt können Kinder so ihre eigenen Bedürfniskärtchen basteln und Lösungen für Konflikte finden.

edition riedenburg

Im (Internet-)Buchhandel und auf editionriedenburg.at

Ausmalbild aus Annikas Gute-Laune-Buch

**So fliegt der Wuschelfloh
aufs Klo!**
Die Geschichte vom
windelfreien Spatzenkind

**So gehen die Tiere
groß aufs Klo!**
Mit dem Wuschelfloh
auf Klo-Weltreise

Lotta geht schon aufs Klo!
So bleibt die Hose sauber

Nino und die Blumenwiese
Das Bilder-Erzählbuch für
Kinder, die nachts einnässen

Machen wie die Großen
Was Kinder und ihre Eltern über
Pipi und Kacke wissen sollen

Machen wie die Großen EXTRA
Das Mit-Mach-Heft für Klo-
Könige und Klo-Königinnen

Herr Kacks und das Pi
So landen großes und kleines
Geschäft direkt im Klo!

Nasses Bett?
Hilfe für Kinder, die nachts
einnässen

Volle Hose
Einkoten bei Kindern:
Prävention und Behandlung

Pauline purzelt wieder
Hilfe für übergewichtige
Kinder und ihre Eltern

SOWAS-Buch.de

Alle Titel im (Internet-)
Buchhandel erhältlich

Wie war es in Mamas Bauch?
Das Bilder-Erzählbuch für alle
kleinen und großen Leute, die
auf Zeitreise gehen wollen

Felix und der Sonnenvogel
Das Bilder-Erzählbuch für
Kinder, die getröstet und
beschützt werden wollen

**Rosa und das Mut-
Mach-Monsterchen**
Das Bilder-Erzählbuch für Kinder,
die mutiger sein wollen

Zoff in der Schule
Das Bilder-Erzählbuch für cleveres
Streiten und Versöhnen

Konrad, der Konfliktlöser
Clever streiten und versöhnen

Konrad, der Konfliktlöser EXTRA
Clever streiten und versöhnen
daheim und unter Freunden

Konrad, der Konfliktlöser EXTRA
Clever streiten und versöhnen
in der Schule und woanders

Annikas andere Welt
Hilfe für Kinder psychisch
kranker Eltern

Abschied von Mama
Das Bilder-Erzählbuch zum
Trösten und Erinnern für Kinder,
die ihre Mama verlieren

Ade, geliebte Amelie!
Das Bilder-Erzählbuch vom
Älterwerden und Sterben

Karim auf der Flucht
Das Bilder-Erzählbuch für
heimische Kinder und ihre
neuen Freunde von weit her

Ilvy schläft gut
Schlafen lernen mit System –
inklusive Schlaf-Tagebuch

SOWAS-Buch.de

editionriedenburg.at

Bibliografische Information der Deutschen Nationalbibliothek
Die Deutsche Nationalbibliothek verzeichnet diese Publikation in der Deutschen Nationalbibliografie;
detaillierte bibliografische Daten sind im Internet über http://dnb.d-nb.de abrufbar.

1. Auflage	September 2021
© 2021	edition riedenburg
Verlagsanschrift	Adolf-Bekk-Straße 13, 5020 Salzburg, Österreich
Internet	www.editionriedenburg.at
E-Mail	verlag@editionriedenburg.at

Lektorat	Dr. Heike Wolter, Regensburg
Satz und Layout	edition riedenburg
Herstellung	Books on Demand GmbH

ISBN 978-3-99082-086-5